에게

주후 년 월 일

겨자씨

하나님이 만드신 세상

맨 처음 세상에는 아무것도 없었어요.
하나님이 땅과 하늘과 바다를 만드셨어요.
하늘의 빛나는 해와 달과 반짝이는 별도 하나님이 만드셨지요.

하나님은 물속에 크고 작은 물고기를 만들어 살게 하셨어요.
하늘에는 온갖 종류의 새를 만들어 날게 하셨어요.
땅에는 아름다운 꽃이 피고, 맛있는 과일 나무가 자라게 하셨어요.
코끼리, 사자, 토끼, 여우, 고양이….
땅에 사는 모든 동물도 하나님이 만드셨지요.

하나님은 마지막으로 사람을 만드셨어요. 아담과 하와예요.
하나님이 아담과 하와에게 말씀하셨어요.
"이 세상을 아끼고 사랑하며 잘 돌봐주어야 한다."
하나님은 온갖 과일이 가득한 에덴 동산을 만드시고는
아담과 하와를 그 곳에서 살게 하셨어요.

노아의 방주

어느 날 하나님이 노아에게 말씀하셨어요.
"노아야, 큰 배를 만들어라. 내가 큰 비를 내릴 것이다."
노아는 아들들과 함께 배를 만들기 시작했어요.

하나님은 어떻게 배를 만들어야 하는지 자세히 알려 주셨어요.
배가 다 만들어지자, 하나님은 동물을 한 쌍씩 이끌어오셨어요.
호랑이, 사슴, 기린, 너구리, 고양이, 비둘기, 제비….
모두 배 안으로 들어갔지요.
동물과 노아 가족이 배에 타자 비가 내리기 시작했어요.

비는 낮에도 내리고 밤에도 쉬지 않고 내렸어요.
40일 동안이나 아주 많은 비가 내렸어요. 온 세상이 물에 잠겼지요.
노아의 배만 물 위를 둥둥 떠다녔어요.
노아 가족과 동물들은 오랫동안 배 안에서 살아야 했어요.
하지만 하나님이 안전하게 지켜 주셨어요.

그림자를 보고
어떤 동물이 배에 탔는지
연결해 보세요.

마침내 비가 그치고 물이 마르기 시작했어요.
땅이 마르고 들에 예쁜 꽃이 피었을 때, 하나님이 말씀하셨어요.
"이제 배 안에서 모두 나와라."
노아의 가족과 동물들이 모두 밖으로 나왔어요.
노아는 가장 먼저 하나님께 감사 예배를 드렸어요.

하나님이 말씀하셨어요.
"다시는 이 세상을 물로 심판하지 않겠다.
이 무지개가 나의 약속의 표란다."
하나님은 약속의 표시로, 하늘에 예쁜 무지개를 띄워 주셨어요.
노아의 가족과 동물들은 온 땅에 퍼져 나가 살았지요.

약속을 지키신 하나님

하나님이 아브라함에게 말씀하셨어요.
"지금 사는 곳을 떠나 내가 가라고 하는 곳에 가서 살아라."
아브라함은 하나님 말씀에 따라 가나안 땅으로 이사했어요.

하나님이 아브라함에게 약속하셨어요.
"내가 네 자손을 하늘의 별처럼 많아지게 해 주겠다."
하나님의 약속대로 아브라함은 아들을 낳았어요.
아브라함의 나이 백 살, 아내 사라의 나이 아흔 살 때였지요.
그들은 아기 이름을 '이삭'이라고 지었어요.

형들을 용서한 요셉

야곱은 열두 아들 중 열한 번째 아들인 요셉을 가장 사랑했어요.
요셉에게만 예쁜 옷을 입혀 주었어요.
형들은 요셉을 미워했지요.

어느 날, 요셉은 신기한 꿈을 꾸고는 형들에게 말했어요.
"형들이 묶은 곡식 단이 내게 절을 했어."
요셉은 또 꿈을 꾸었어요. "해와 달과 별도 내게 절을 했어."
하나님이 요셉을 높여 주겠다고 알려 주신 꿈이었어요.
형들은 요셉을 더욱 미워했어요.

요셉이 들에서 양을 치는 형들을 찾아갔어요.
형들은 요셉을 지나가던 이집트 장사꾼에게 팔아 버렸어요.
하지만 하나님이 요셉을 돌봐주셨어요.
요셉이 하는 일은 무엇이든지 잘 되게 하셨어요.
요셉은 이집트의 총리가 되었답니다.

온 땅에 흉년이 들자 사람들이 요셉을 찾아왔어요.
이집트에는 곡식이 많았거든요.
요셉의 형들도 곡식을 사러 요셉을 찾아왔어요.
요셉은 형들을 용서해 주었어요.
요셉은 아버지와 형제들을 모두 이집트로 불러 행복하게 살았지요.

아래와 위 그림에서 다른 곳이 5군데 있어요. 잘 찾아보세요.

바구니 속 아기 모세

이집트 왕이 무서운 명령을 했어요.
"이스라엘 사람이 아들을 낳으면 모두 죽여라."
그 때 이스라엘 가정에 한 아들이 태어났어요.

엄마는 아기를 바구니에 담아 강에 띄웠어요.
이집트 공주가 목욕을 하러 왔다가 바구니를 보았어요.
"이스라엘 사람의 아기로구나. 내가 데려가 키워야겠다."
아기는 공주의 아들이 되었어요.
공주는 아기 이름을 '모세'라고 지었답니다.

열 가지 무서운 벌

어느 날, 하나님이 모세 앞에 나타나 말씀하셨어요.
"너는 이집트에서 내 백성을 구해 내어라."
모세는 이집트 왕에게 가서 말했어요.

"우리 백성을 보내 주시오."
이집트 왕은 콧방귀를 뀌었어요. "어림도 없다."
하나님은 이집트에 열 가지 무서운 벌을 내리셨어요.
강물이 피로 변하고 개구리, 이, 파리가 득실거렸어요.
혼쭐이 나고 나서야 이집트 왕은 이스라엘 사람들을 보내 주었어요.

갈라진 바다

이집트를 떠난 이스라엘 사람들이 홍해 앞에 왔을 때였어요.
이집트 군사가 그들을 잡으려고 뒤쫓아왔어요.
"이를 어쩌면 좋아요. 이제 우리는 모두 죽게 되었어요."

하나님을 믿은 모세는 기도했어요.
그리고 하나님이 시키신 대로 지팡이를 바다 위로 내밀었어요.
그러자 바닷물이 갈라졌어요.
"야, 바다에 길이 생겼다. 어서 건너가자."
이스라엘 사람들은 모두 걸어서 바다를 건너갔답니다.

만나와 메추라기

이스라엘 사람들이 광야를 걷고 있었어요.
광야는, 낮은 몹시 덥고 밤은 몹시 추웠어요. 먹을 것도 없었어요.
하지만 하나님이 함께 하시니까 걱정 없었어요.

이스라엘 백성이
오아시스에 가는 길을 찾아 주세요.

하나님이 낮에는 구름 기둥, 밤에는 불 기둥으로 지켜 주셨어요.
하나님은 특별한 음식, 만나를 아침마다 내려 주셨어요.
고기가 먹고 싶을 땐 하나님이 보내 주신 메추라기 고기를 먹었어요.
이스라엘 사람들이 물이 없다고 불평하자
하나님은 바위에서 물이 콸콸 솟아나게 해 주셨어요.

십계명을 주신 하나님

하나님은 이스라엘 사람들이 지켜야 할 법을 가르쳐 주셨어요.
하나님을 사랑하고 이웃을 사랑하라는 열 가지 법이에요.
이 법을 지키면 우리는 행복하게 살 수 있지요.